Hermann und Silke Traub
»Herr Pfarrer, Sie kommen zu früh«

Hermann und Silke Traub

»Herr Pfarrer,
Sie kommen zu früh!«

Neue Überlebensgeschichten

johannis

Bibliografische Information der Deutschen Nationalbibliothek
Die Deutsche Nationalbibliothek verzeichnet diese Publikation
in der Deutschen Nationalbibliografie; detaillierte bibliografische
Daten sind im Internet über http://dnb.ddb.de abrufbar.

ISBN 978-3-501-01616-9

Bestell-Nr. 77893
© 2009 by Johannis-Verlag, Abt. der St.-Druckerei
C. Schweickhardt GmbH, Lahr/Schwarzwald
Umschlagbild: G. Weissing
Umschlaggestaltung: Christine Karádi
Gesamtherstellung: St.-Druckerei C. Schweickhardt GmbH,
Lahr/Schwarzwald
Printed in Germany 17266/2009

www.johannis-verlag.de

Inhalt

Vorwort

Menschen erfahren, dass mitten im »grauen« Alltag Gott handelt, sich zeigt, er mit Kraft und Humor seinen Menschen begegnet und sie begleitet. Dabei fallen ganz kleine Geschichten auf, Beobachtungen werden zu weitreichenden Gleichnissen und Erfahrungen von Gottes Gegenwart scheint durch unsere Verstandesvorhänge hindurch.

Man braucht nicht das Große zu erleben, um den großen Gott zu erfahren. Man braucht auch nichts Übersinnliches zu bemühen, um den Beweis seines Handelns zu haben. Im Glauben geht alles normal zu. Er ist in unseren Schwächen überaus mächtig und er hebt uns auf, wenn wir fallen und uns die Knie wund geschlagen haben. So groß ist unser Gott – und so klein kommt er in unsere Welt.

Diese Erfahrungen wollen wir doch nicht für uns behalten und alle Leser ermutigen, Gott zu sehen und ihm zu vertrauen. Dass dabei Persönliches und Biografisches einfließt, ist Absicht. Denn wie anders sollten wir den lebendigen Gott heute erfahren als ganz persönlich und damit ganz nah.

Lassen Sie sich ermutigen!

Silke und Hermann Traub

Was unter der Lava wächst

Fast zweihundert Jahre ist es her, dass die spanische Insel Lanzarote von den letzten Vulkanausbrüchen heimgesucht wurde. Vor dieser Zeit konnten sich die Menschen dieser Insel gut ernähren von den fruchtbaren Feldern der Täler. Dann wurde alles zugedeckt von heißer Glut und Asche.

Da es auf Lanzarote bis heute keine Quellen gibt, erhält man Wasser nur durch Vorräte von Regenwasser, die bei spärlichem Regen gesammelt werden, und durch riesige Meerwasserentsalzungsanlagen, die es auf der Insel gibt.

Doch die Bauern haben trotz allem eine feinsinnige Art des Trockenanbaus von allerlei Gemüse und Weinstöcken gefunden. Man schüttet gute Erde auf und sät oder setzt die entsprechenden Pflanzen. Darüber kommt eine kleine Schicht des pechschwarzen Vulkangesteins, fein gerieben.

Und tatsächlich: Die dünne Vulkanschicht speichert den geringen Regen oder den täglichen Tau auch bei größter Hitze und durch die schwarze Schicht speichert die Sonne ihre Wärme. Dadurch kommt es zu einem dynamischen Wachstum von guten Gemüsesorten und einem herrlich-erdigen Wein.

Von Weitem sieht im Winter alles schwarz in schwarz aus. Keiner denkt, dass darauf etwas wachsen könnte. Und nach ein paar Regenschauern überzieht sich die ganze schwarze Fläche zuerst mit einem wunderbar grünen Schimmer, der nach wenigen Tagen in saftiges Grün übergeht. Die Samen sind aufgegangen und die Pflanzen wachsen einer geschmackvollen Ernte entgegen.

Jedes Mal, wenn ich auf diese geheimnisvolle Insel komme, dann staune ich über dieses Wunder des Schöpfers, der noch aus Asche Leben machen kann.

Heute lebt die Insel Lanzarote vom Tourismus, den die Verantwortlichen als »sanften« und umweltfreundlichen Tourismus betreiben. Sonst wäre nach den furchtbaren Vulkanausbrüchen kaum jemand auf dieser Insel im Atlantik geblieben.

Heute weiß man, dass unter der Vulkanasche und den ganzen Steinen sich viel Leben befindet. Nicht nur der gezielte Anbau auf den schwarzen Feldern. Viele kleine Tierarten leben im Vulkangestein, eine Menge seltener Pflanzen haben sich angesiedelt, sodass sich die ganze Insel schon lange den Biosphärenreservaten der Welt angeschlossen hat.

Die kleinen Tierarten sind so beschaffen, dass sie die Vulkansteine mit ihren Fähigkeiten immer mehr zu fruchtbarer Erde umwandeln. Dieser Prozess dauert über viele Jahre und Jahrhunderte.

Gott ist auch nach großen Katastrophen, die er zugelassen hat, der Handelnde. Unter der Lava wächst Neues auf. Ja sogar Lebensmittel können aufgehen zum Nutzen des Menschen. Manchmal kommt es mir so vor, dass unsere Gesellschaft mit einer Lavaschicht des Unglaubens bedeckt ist. Große Katastrophen haben den Glauben verschüttet. Und dann wächst durch den Regen des Wortes Gottes, durch die Wärme der Liebe Gottes Neues auf dem Land! Und ganz geheimnisvoll – aber voller Leben – wird der Glaube zur Blüte und zur Frucht gebracht.

Jedes Mal, wenn ich die Vulkaninsel im Atlantik betrete, staune ich über das Wunder, das der Schöpfer dort Monat um Monat vollbringt. Und wenn dann ein Gemüse auf meinem Teller liegt, das dort gewachsen ist, dann kann ich es schmecken und fühlen, wie herrlich Gottes neue Kraft ist, die aus der Vulkanasche Frucht wachsen lässt.

Hermann Traub

Tränen in der U-Bahn

Ich dachte nicht, dass sich mir diese Szene so nachhaltig einprägen würde. Es war ja nur eine Begegnung von wenigen Minuten. Begegnung ist eigentlich schon wieder zu viel gesagt; es war eher eine kleine Beobachtung. Nur zwei U-Bahn-stationen Richtung »Bahnhof Friedrichstraße« – dann musste ich umsteigen. Deshalb hielt ich mich an der Griffstange gleich bei der Türe fest, ein Sitzplatz lohnte nicht. Für gewöhnlich stellt sich für den Vielfahrer dieses Verkehrsmittels so-fort nach dem Einstieg das entsprechende »Blick-verhalten« ein: um sich schauen, ohne wirklich etwas wahrzunehmen; jemand ansehen und gleichzeitig hindurchsehen; aussteigen und alles vergessen haben. Wo käme ich hin, würde ich mir alles einprägen, was sich meinen Augen prä-sentiert? Und asiatische Gesichtszüge sind in Ber-lin keine »Hingucker« mehr – sie prägen das ganz normale Straßenbild mit. Warum ich nicht durch sie hindurchsah, weiß ich nicht zu sagen, denn auf den ersten Blick war der kleine Unter-schied nicht zu erkennen. »Man sieht Asiaten nicht an, wenn sie weinen«, das war mein erster bewusster, erstaunter Gedanke, der sich in mir festsetzte, nachdem ich sie wahrgenommen hatte; zumindest konnte ich keinen Unterschied erkennen. Keine rot verweinten Augen, keine verzogenen Gesichtszüge, nur Tränenbäche, die ihr rechts und links aus den Mandelaugenwinkeln flossen, die aber ihr sonstiges Gesicht nicht zu berühren schienen. So saß sie stumm zwischen ihren Sitznachbarn. Ich schaute weg, ich schaute hin. Was tun? Geht es mich etwas an? Will sie allein sein? Braucht sie jetzt einen Menschen? Hat sie einen Menschen verloren? Hat sie Heimweh? Wurde sie enttäuscht, verletzt, von wem? Was beschäftigt sie?

Da war auch schon meine Umsteigestation erreicht. Sie erhob sich ebenfalls und stieg aus.

Ich überlegte: Sollte ich eine Wildfremde ansprechen – was könnte ich sagen? Wie würde sie reagieren? Wie würde *ich* auf so einen »Angriff« reagieren?

Sollte, wollte, würde, könnte – zum Glück bin ich in so einem Fall ja nur ein Gebet weit von dem entfernt, der allen Menschen ins Herz schauen kann und dem keiner fremd ist. Deshalb habe ich mit ihm gesprochen, ohne sie dabei aus den Augen zu lassen: »Herr, du kennst diese Frau und weißt, was sie braucht – vor allem, *wen* sie braucht. Wenn du denkst, dass ich da eine Aufgabe habe – ich werde sie ansprechen, wenn sie noch länger meine Richtung weitergeht ...« In diesem Moment bog sie ab, dem Ausgang zu und war kurz darauf aus meinem Blickfeld verschwunden.

Was noch lange nicht verschwunden war, war der Eindruck einer so tonlos und fast nicht wahrnehmbar weinenden Asiatin. Sie hatte es mir irgendwie angetan und hat mich »sensibilisiert« für Menschen aus Fernost mitten unter uns.

Kaum zwei Monate nach dieser für mich im wahrsten Sinn des Wortes »merk-würdigen« Begegnung schickte uns Gott ganz konkret durch einen Freund eine junge Chinesin ins Haus, die wir eine ganze Zeit lang begleiten konnten auf ihrem Weg. Und sicher konnten wir ihr dadurch manche Tränen auch ersparen auf ihrem Weg in eine ihr fremde Kultur hinein.

Silke Traub

Adoptivgroßeltern

Vier Jahre später – wir lebten mittlerweile wieder in Süddeutschland – stand sie mir wieder vor Augen, diese weinende Asiatin von der U-Bahn Richtung »Bahnhof Friedrichstraße«.

Es fing damit an, dass der Besuchsdienst unserer Kirchengemeinde die aktuelle Zuzugsliste der Gemeindeverwaltung bekam. Bei all den neu Zugezogenen fiel mir ein Familienname sofort ins Auge – der klang eindeutig chinesisch, zumindest asiatisch. Ob sich tatsächlich Chinesen dahinter verbargen und was sie in unsere Landgemeinde verschlagen hatte, das wollte ich herausfinden. Und ob sich ein leises Weinen dahinter verbarg? Diesmal wollte ich beherzter sein als damals ...

Als ich an der Wohnungstüre klingelte, öffnete mir ein junger Mann mit einem Baby auf dem Arm, die ich beide ohne jeden Zweifel als Chinesen identifizieren konnte. Meine Erklärungen, wer ich bin und was ich wollte, wurden ziemlich schnell durch lautes Babygeschrei aus dem Hintergrund unterbrochen. Er entschuldigte sich höflich, verschwand im Dunkel des Flures und tauchte kurz darauf wieder hervor – diesmal hatte er auf seinem freien Arm ein weiteres Baby liegen und an seinem linken Bein hing ein kleines, etwa drei-jähriges Mädchen.

Mir war sofort klar: Meine freundlich vorge-brachte Einladung zu Gottesdienst und Gemein-deveranstaltungen würde wenig fruchten und sei sie noch so herzlich vorgebracht. Diese junge Fa-milie brauchte sicher etwas Konkreteres als Einla-dungen.

»Kann ich Ihnen irgendwie helfen?«, fragte ich ihn ganz direkt. Ja, ich konnte. Er gab sich keine Mühe, hinter Höflichkeiten und Förmlichkeiten zu kaschieren, dass Hilfe ganz willkommen wä-re. Und es war doch nur eine Kleinigkeit, um die er mich bat und die seiner Frau das Leben er-leichtern würde: Zwischen acht und neun Uhr morgens, wenn er längst bei der Arbeit war, war Stillzeit für die Zwillinge und gleichzeitig sollte die Dreijährige zum Kindergarten gebracht wer-den; wie sollte das gehen? Ich machte dem jun-gen Vater den Vorschlag: »Ich wohne nicht weit weg. Ich komme morgens, hole Jenny ab, be-gleite sie zum Kindergarten und bringe sie nach-mittags gegen 14 Uhr vom Kindergarten wieder nach Hause zurück.« Er nahm das Angebot mit breitem Lächeln und vielen Kopfverbeugungen dankend an.

Am nächsten Morgen klingelte ich wieder an

der Haustür und war mächtig gespannt, ob die kleine Jenny denn auch mit mir mitkommen würde. Fertig angezogen wartete sie schon hinter der Glastür, wo sie sich das Näschen und die Hände platt drückte und schon auf den Klingelton wartete. Brav fasste sie mich an der Hand und wir beide machten uns auf den Weg. Jenny sprach kein einziges Wort – ich dafür umso mehr. Was wir sahen, kommentierte ich: die bunten Frühlingsblumen in den Vorgärten, die Farben, die Vögel auf der Dachkante, das Fahrrad an der Hauswand, das Auto, das an uns vorbeifuhr. Jenny sollte doch sprechen lernen – oder zumindest ihre Fremdsprache hören. Ich tappte ziemlich im Dunkeln, was Jenny zu all dem dachte. Ob sie das mochte? Ob es sie überforderte? Ob sie gerne mit mir den Weg ging?

Aber so gewöhnten wir uns aneinander und ich lieferte sie mittags brav wieder zu Hause ab. Ihre Mutter sprach wenig deutsch, aber sie erzählte mir, dass Jenny jeden Mittag, wenn sie vom Kindergarten nach Hause kam, erst mal mindestens zwei Stunden Schlaf brauchte. Es war wohl ein anstrengendes Leben für das kleine Mädchen. Was wohl in ihr vorging? Ob das auch so eine Art stilles asiatisches Weinen war?

Seit einigen Wochen lebten wir nun schon unsere Normalität. Ich erzählte unterwegs, Jenny hörte, schwieg zunächst, taute aber nach und nach auf und wiederholte Farben oder Namen von Tieren und Gegenständen.

Da pflanzte sich ein kecker Kleiner beim Abholen im Kindergarten vor mir auf und sagte: »Stimmt das, dass du der Jenny ihre Oma bist?«

Bevor ich überhaupt etwas sagen konnte, mischte sich die Erzieherin ein: »Sei nicht so vorlaut Benedikt, ich hab euch doch erklärt, warum Frau Traub die Jenny abholt.«

Ich überlegte: Wer wohl auf den Gedanken mit der Oma kam? War's der kecke Kleine? Oder hat mich Jenny zu ihrer Oma gemacht? Oder ziehen die Kinder ganz einfache Schlussfolgerungen: Wenn es nicht die Mama ist, muss die älter ausschauende Frau eindeutig die Oma sein – wer sonst sollte die Spielkameradin abholen wollen?

Ein paar Tage war Ruhe. Dann umringten mich wieder mehrere Kinder beim Abholen und wollten wissen: »Bist du wirklich der Jenny ihre Oma?«

Langsam dämmerte mir, dass Jenny wohl schon öfter dieser hartnäckigen Fragerei ausgesetzt war, wer sie warum da nun zum Kindergarten brachte. Und da andere Kinder außer ihrer Mama wohl auch eine Oma vorzuweisen hatten, die sie gelegentlich oder regelmäßig abholten, war ja ich wohl auch ihre Oma, ist doch klar! Allerdings stieß Jennys Aussage bei den Pfiffigen wohl doch auf einige Skepsis, denn diese Oma sah nun gar nicht »chinesisch« aus.

Stimmt, ich habe bis heute noch keine Ähnlichkeit mit meinem »Enkelkind« – aber ich bin ihre Oma geblieben! Jenny hat mich einfach adoptiert – und den Opa gleich dazu! Wenn mein Mann im Kindergarten zu tun hatte – als Ortspfarrer gehörte der Kindergarten zu seinem Aufgabengebiet – wurde er von Jenny mit »Hallo Opa« begrüßt.

Das Küchenfenster des Pfarrhauses war nur wenige Meter vom Freigelände des Kindergartens entfernt. Und wenn die Kinder draußen im Freien spielten, konnte es sein, dass Jenny mich in der Küche entdeckte und laut zu mir herüberrief: »Oma, schau mal, was ich kann!« Dann drehte sie ihren Salto am Klettergerüst oder stieg bis zur Spitze hoch.

So wurde unsere Adoptivgroßelternschaft zur gelebten Normalität. Als die Weihnachtszeit kam, veranstaltete der Kindergarten einen »Oma-Opa-Tag«; Omas und Opas wurden zum Frühstück in den Kindergarten eingeladen, durften dann beim Kinderweihnachtsspiel zuschauen und gemeinsam mit den Kindern singen. Selbstverständlich bekamen wir dazu eine Einladung, denn wir waren ja die Großeltern von Jenny geworden.

Nur gelegentlich kam es noch vor, wenn ich übers Kindergartengelände zum Gemeindehaus ging, dass ein kleiner Neunmalkluger mich bis hinter die Kurve begleitete, wo ihn niemand mehr sehen konnte, und dann bei mir seine gebliebenen Zweifel los wurde: »Bist du wirklich der Jenny ihre Oma?« Und ich antwortete dann im Brustton der Überzeugung und sogar aus ganzem Herzen: »Ja, ich bin der Jenny ihre Oma!« Und ich fand das nicht gelogen, denn schließlich hatte ich mich ja nicht dazu gemacht, sondern ein kleines, asiatisches Mädchen, das vom Schicksal in die Ferne verschlagen wurde und eine Oma und einen Opa wohl sehr vermisste, hatte uns als seine Großeltern adoptiert. Dieses Geschenk eines Kindes nahmen wir von Herzen an und hoffen und wünschen, dass wir so einige Tränen aus Mandelaugenwinkeln verhindern können. Sicher längst nicht alle ...

So eine geschenkte, besondere Großelternschaft verpflichtet. Natürlich haben wir den Kontakt zur ganzen Familie gepflegt. Und wurden automatisch Oma und Opa der Zwillingsjungs und sind mächtig stolz auf sie.

Wir haben schon schwere Stunden mit der Familie geteilt; immer wieder schwebten sie in Angst vor einer Abschiebung. Es dauerte mehrere Jahre, bis ihnen ein befristetes Bleiberecht in unserem Land bewilligt wurde. Und wir haben ganz besondere Stunden miterlebt: als das älteste Kind der Familie aus China nachkommen konnte.

Damit waren wir vierfache Großeltern durch Jennys Initiative. Es überrascht und erstaunt uns bis heute, wie selbstverständlich alle Kinder uns in ihr Familiengefüge eingebaut haben.

Und wir sind typische Großeltern geworden:

Wir freuen uns über die Fortschritte der Kinder in ihrer Entwicklung.

Wir freuen uns, dass sie gerne und regelmäßig zum Kindergottesdienst gehen. Und wir sind mächtig stolz, wenn die beiden Mädchen beim Weihnachtsgottesdienst als schwarzhaarige Mandelaugen-Verkündigungsengel mitten in einer blonden Engelschar laut verkündigen »Euch ist heute der Heiland geboren«; und wenn die quirligen Jungs, die wir leider noch nicht immer ganz treffsicher unterscheiden können, laut singen »Ja, Gott hat alle Kinder lieb, jedes Kind in jedem Land«. Und natürlich wünschen wir uns von Herzen, dass wir etwas dazu beitragen können, dass die ganze Familie ihren Platz in Gottes

großer Familie findet. Bei ihm sind wir schließlich alle Adoptivkinder.

Silke Traub

Überall, überall ...

Unser Ausflug in Jamaika begann mit dem paradiesischen Strand. Der Weg war für mich etwas zu weit, also schlenderte ich durch den herrlichen Regenwald, fotografierte, was das Zeug hielt, und staunte über die mächtigen Bäume, die da in ungestümer Vegetation gegen den Himmel wuchsen. Da ertönte in der Ferne ein vielstimmiger und mächtiger Gesang. Ich erkannte sofort, dass das ein christliches Lied war, das da durch den Regenwald tönte. Ein Gottesdienst am Freitagmorgen? Ich ging den Hügel weiter nach oben und sah ein schönes Freizeitheim und im überdachten Saal sangen und beteten jüngere und ältere Frauen und Männer. Weiße und Schwarze. Das Lied kannte ich. Ich habe es in unserer Gemeinde oft im Sommer singen lassen: »Du großer Gott, wenn ich die Welt betrachte ...«, ein altes, schwedisches »Heilslied«. Ich wagte es, mich zu der Gruppe zu stellen und sang aus vollem Halse mit. Sie nickten mir freundlich zu. Eine Bibellesung folgte, Bekanntgaben über den Verlauf des Tages wurden weitergegeben, die Morgenandacht war zu Ende. Ich sprach eine junge Dame an und fragte, was für eine Gruppe hier zusammen sei. Sie erzählte mir freimütig, dass sie alle »Heilsarmeeoffiziere« seien, die zu ihrer Jahreskonferenz aus ganz Jamaika zusammen sind, um sich für ihren Dienst zuzurüsten. Vorher hatte ich mich in der Vorbereitung auf diese Reise kundig gemacht: Die Heilsarmee arbeitet in Jamaika hauptsächlich unter vielen Armen und Drogensüchtigen. Ein harter Dienst – so bekam ich erzählt. Etwa 60 Prozent der Männer sind alkohol- oder drogenabhängig. Die junge Frau musste sich beeilen. Denn schon war die kurze Pause nach der Morgenandacht um. Der Leiter baute Laptop und Beamer auf – die Schulung begann. Ich erzählte der jungen Heilsarmee-Offizierin von mir, der christlichen »Gemeinde auf Zeit« auf dem CVJM-Traumschiff, meinem Glauben an Jesus, und sie strahlte mich an. Mit »God bless you« verabschiedeten wir uns. Zu Beginn der Schulungseinheit erklang wieder ein Lied – langsam ging ich wieder den Weg zu unserem Reise-Bus. Ich war einem Teil der Gemeinde Jesu in Jamaika begegnet. Mitarbeiterinnen und Mitarbeitern im Dienst der Rettung von Menschen. Und ich gebe gerne zu, dass ich bewegt war von dieser Zufallsbegegnung »der weltweiten Gemeinde Jesu«. Ein paar Tränen der Freude verirrten sich in meine Augen, »Überall,

überall hat Gott seine Leute, freu dich doch daran« – den ganzen Tag tönte dieses Lied von Manfred Siebald in mir nach.

Hermann Traub

Explosion in der Bibelstunde

Gerne zünde ich eine Kerze an, wenn Menschen, an Tischen sitzend, zusammen auf Gottes Wort hören. Es ist ja immer auch ein kleiner Gottesdienst, den wir da feiern.

Da wir nun schon einige Tage in dem schönen Freizeitheim in den Bergen zusammen waren, brannten die Kerzen allmählich ab. Glasständer waren die »Behältnisse« der Kerzen. Sollte ich sie heute nochmals anzünden? Klar doch! Sie sollen brennen bis zum letzten Wachstropfen – so dachte ich.

Plötzlich, mitten in meiner Auslegung, tat es neben mir einen gewaltigen Schlag. Den Kerzenständer zeriss es in drei Teile. Eine »Explosion« – durch die Hitze der Kerzenflamme ausgelöst. Was für eine Kraft der kleinen Flamme!

So explosiv kann das Licht eines kleinen Feuers sein. Ich war fasziniert. Besonders auch deshalb, weil mir sofort das Jesuswort einfiel: »Ich bin gekommen, ein Feuer anzuzünden und hätte nichts lieber, als dass es schon brennt.«

Die Kraft des Feuers des Evangeliums ist doch viel stärker als das einer kleinen Kerze im Glasständer! Es hat eine Explosionskraft ohnegleichen.

Ich erinnere mich daran, wie in den Römerzeiten diese Kraft gewirkt hat.

Ein kleines Christenhäuflein brachte das große Weltreich zum Wanken. Sie haben Tag um Tag, Jahr um Jahr den Mittelmeerraum total verändert. Bis in die vornehmsten Regierungskreise hinein drang die explosive Botschaft von Gottes Liebe. Vornehme Frauen, hochdekorierte römische Offiziere fanden zu Jesus. Kein Wunder, dass sich Kaiser Nero bedroht fühlte und, verrückt wie er war, die Stadt Rom niederbrennen ließ, um anschließend die Christen als Schuldige hinzustellen.

Und dann zogen die Soldaten der Römer nach Norden. Mit Donauschiffen eroberten sie das Land. Und einige unter ihnen waren Christen und brachten in den ersten Jahrhunderten die Botschaft des Evangeliums nach Mitteleuropa. Die Explosion der Liebe Gottes war nicht aufzuhalten.

Und unter Kaiser Konstantin konnte die Politik nicht mehr an den Christen vorbeiregieren. Ja, sie führten den Sonntag als Staatsfeiertag ein, weil sie spürten: Von dieser jungen Kultur der Christen ging eine Kraft aus, gegen die man sich besser nicht stellt!

Die ganze Kirchengeschichte ist eine einzige Explosionsgeschichte der Frohen Botschaft Jesu.

Bis in unsere Tage werden ganze Völker verwandelt durch Jesus.

Was als kleine Missionsarbeit vor über hundert Jahren im Riesenreich China begann, hat sich nach furchtbaren Verfolgungen heute als die schnellstwachsende Kirche der Welt entpuppt. Es sollen viele, viele Millionen sein, die heute Jesus nachfolgen.

Und bereits hoch geachtete Chinesen, die Wirtschaftslenker sind, sagen, dass nur der Glaube an Jesus die Probleme Chinas in der Geschäftswelt lösen könnte. Das alles geschieht öffentlich vor den Augen der Weltgemeinschaft. Was für eine Explosion!

Es gibt bereits asiatische Länder, die mehr als 20 000 Mitarbeiter in die Weltmission entsandt haben und mit großer Hingabe Menschen zu Jesus rufen.

Die Explosion der Liebe und des Feuers Jesu geht weiter. Dabei fängt alles immer ganz klein an. Wenn ein Mensch sich öffnet für das Licht der Liebe Gottes, dann verändert das seine Umwelt.

So hat tatsächlich die Bibelstunde mit der explodierten Kerze eine große Wirkung, wenn alle, die daran teilnehmen, sich dem Feuer der Liebe Gottes aussetzen und dieses Feuer aufnehmen und weitertragen.

Wir sind immer ein kleiner Baustein der großen Weltbaustelle des lebendigen Gottes, wenn wir auf ihn hören und uns anstecken lassen von seiner »Explosion der Liebe«.

Hermann Traub

»Großvater, wie geht es Ihnen?«

Immer mal wieder muss ich an Erika denken. Sie hat mir etwas mitgegeben, was ich für mein Leben nicht vergessen will.

Erika kommt aus Rumänien und gehört dort zur ungarischen Minderheit. Sie kam als Studentin zu uns nach Berlin in unsere Bibelschule für ehrenamtliche Mitarbeiter. Dafür hatte sie ihr Studium der Germanistik und Theologie in ihrer Heimat unterbrochen. Sie kam nicht allein; meist waren in unseren Kursen drei bis vier Teilnehmer aus Osteuropa dabei. Das war wichtig, denn die Zeit des Heimwehs packte sie irgendwann einmal alle, spätestens an Weihnachten, wenn die deutschen Teilnehmer selbstverständlich nach Hause fuhren. »Und was machen wir?«, war dann die große Frage. Oft luden »die Deutschen« ihre Zimmerkameraden oder -kameradinnen zu sich nach Hause ein. Aber das löste auch wieder Beklemmungen aus: Wie wird das sein? Weihnachten zu Hause – das scheint irgendwie ein globaler Traum zu sein, zumindest ein europäischer! In den Wochen davor wurde oft viel von zu Hause erzählt – bei Tisch, in den Pausen im Wohnzimmer, an den Abenden. Irgendwann erzählte Erika von ihrem

Großvater. Was uns Westeuropäern dabei besonders in Erstaunen versetzte, war die in Rumänien wohl allgemein übliche Anrede für die Großeltern: Sie wurden durchweg »gesiezt«, teilweise sogar noch die Eltern. Es klang viel Ehrerbietung durch die Erzählungen durch; keine formelle, sondern eine von Herzen kommende und deshalb auch zu Herzen gehende Wärme war darin zu spüren.

Wohl nur deshalb hat sich mir das kleine Begrüßungsritual, von dem Erika erzählte, so fest ins Gedächtnis eingeprägt, dass ich es schon mehrmals bei meinen Predigten als besonderes Beispiel für großes Gottvertrauen verwendet habe.

Erika erzählte uns davon, wie sie ihren Großvater begrüßt, wenn sie ihn besucht:

Ihr erster Satz war immer: »Großvater, wie geht es Ihnen?« Und seine Antwort darauf kam jedes Mal prompt: »Danke, mein Kind, ich bin in sicheren Händen!«

Diesen Großvater habe ich mir zum Vorbild genommen, obwohl ich nur diesen einen Satz von ihm kenne. Aber so eine »Großmutter« möchte ich auch werden: Nicht erst Krankengeschichten und Wehwehchen, nicht erst Defizite und Klagen will ich weitergeben, wenn ich nach meinem Ergehen gefragt werde. Sondern das Wichtigste zuerst: Ich bin in sicheren Händen! Was will ich mehr?

Silke Traub

»Herr Pfarrer, Sie kommen zu früh!«

Hausbesuche gehören zum »Pflichtprogramm« jedes Gemeindepfarrers. Besonders bei hohen und runden Geburtstagen wird der Pfarrer im Haus erwartet – neben allen anderen Geburtstagsgästen. Dieses feste Ritual unterbricht man nur, wenn man die Erwartungen der Menschen sehr enttäuschen will.

Wenn es gut geht, macht man solche Hausbesuche auch zu »Nicht-Anlässen« bei Kranken und bei den vielen Ehrenamtlichen, durch die eine Gemeinde erst lebt.

Einmal habe ich es sogar mit Hilfe meiner Frau geschafft, alle Konfirmandeneltern vor der Konfirmation zu besuchen.

Eine besondere Aktion war, einmal die 40-Jährigen zu besuchen, um sie in der Mitte ihres Leben noch einmal einzuladen zu einer evangelistischen Woche. Das war eine sehr gute und erfolgreiche Erfahrung.

Wenn hochbetagte Menschen ihren »runden« Geburtstag feiern, dann zählt besonders, ob der Pfarrer erscheint.

Kurz vor dem Pfingstfest wusste ich, dass eine ältere Dame Geburtstag hatte – am Mittwoch nach Pfingsten. Da wir zu dieser Zeit aber ein paar Urlaubstage hatten und nicht zu Hause sein würden, versuchte ich die gut bekannte ältere Dame einen Tag vor Pfingsten zu besuchen.

Diese »Vorher-Besuche« hatte ich mir geradezu angewöhnt, weil es da besser möglich war, mit dem Geburtstagskind ein persönliches Gespräch zu führen. Wenn die ganze »Stube« voller Gäste ist, dann kann man nichts Persönliches und erst recht kaum etwas Geistliches mit dem Geburtstag Feiernden sprechen.

Also suchte ich besagte Dame einige Tage vor dem eigentlichen Geburtstag auf. Ich traf sie auch sofort an: im Garten, wo sie in Arbeitskleidung werkelte. Sie erkannte mich sofort und begrüßte mich mit dem vorwurfsvoll gemeinten Satz: »Herr Pfarrer, Sie kommen zu früh!« Als ob ich das nicht wüsste! Es war ja meine Absicht.

Sie nahm sich aus ihrer Verärgerung heraus kaum Zeit, scharrte in ihrem Garten, und entließ mich nach wenigen Minuten wieder.

Ich versuchte ihr klarzumachen, dass ich an ihrem Festtag nicht kommen könnte. Dann überreichte ich ihr das obligatorische Buchgeschenk zu solchen Anlässen und ging meiner Wege.

Zu einem wirklich geistlichen Gespräch kam es nicht.

Einen Tag später war diese Dame mit dem engsten Familienkreis in einer Gaststätte, um ihr Festmenü, das sie für einen großen Kreis geplant hatte, zu testen. Während dieses Essens brach sie zusammen und an ihrem Geburtstag war sie schon tot.

Große Betroffenheit bei der ganzen Gemeinde. Und auch bei mir. Die letzte Gelegenheit zu einem geistlichen Gespräch war vertan.

Wie viele Menschen finden es immer zu früh, dass sie mit Gott in Kontakt kommen. Das reicht immer noch – so denken sie.

Doch wir kennen weder Zeit noch Stunde, wann der Herr kommen wird.

»Du Narr, heute Nacht wird man deine Seele von dir fordern, und wem gehört dann, was du gesammelt hast?« – so sagt es Jesus im tragischen Gleichnis vom reichen Kornbauer.

Was habe ich gelernt?

Es ist nie zu früh, um mit Gott in Kontakt zu treten. Wir dürfen uns von nichts und niemand abhalten lassen, auf ihn zu hören. Es könnte ja die letzte Gelegenheit sein. Die Einmaligkeit einer Begegnung mit Gott ist immer gegeben, wenn wir sie erleben.

Und ich will mich nie mehr abhalten lassen, auch bei »unpassender« Gelegenheit den lebendigen Gott zur Sprache zu bringen. Denn über jedem Leben steht das »Heute« und das »Jetzt«. Vertane Gelegenheiten sollen nicht mein Leben bestimmen.

Hermann Traub

Jeden Tag erfülltes Versprechen

Ein wunderbares Prachtexemplar ist er, der Buntspecht, der zu unserem Esszimmerfenster gehört. Neben grauem und weißem Gefieder trägt er stolz eine feuerrote Kappe am Kopf und eine ebensolche Farbe am Bauch.

Er hat sich häuslich eingerichtet bei uns. Die Voraussetzungen sind erstklassig. Da steht der Haselnussbaum mit seiner besonderen Astgabel. Dort wo die beiden Äste sich teilen, entstand ein ovales kleines Loch. Gerade so groß, dass unser Buntspecht in diesem Loch mehrmals am Tag dort seine aufgesammelte Haselnuss platziert.

Den ganzen Winter über lebt er von diesen Haselnüssen, die er zwischen den immergrünen Bodendeckern findet. Er braucht sie nur mit seinem Schnabel aufzunehmen, in sein Versteck zu transportieren und kann jede einzelne aufhacken und mit Genuss verspeisen.

Wochenlang beobachtete ich dieses Schauspiel, und dann fiel bei mir der Groschen.

Ich sehe an jedem Tag, an dem ich zu Hause frühstücke, die wörtliche Erfüllung eines Bibelwortes. Und zwar nicht irgendeines Bibelwortes, sondern eines zentralen Jesuswortes. »Sorget nicht um euer Leben ... seht die Vögel unter dem Himmel an: Sie säen nicht, sie ernten nicht, sie sammeln nicht in die Scheunen; und euer himmlischer Vater ernährt sie doch. Seid ihr nicht viel mehr als sie?«

Unser Prachtexemplar von Buntspecht predigt uns jeden Tag die Wahrheit des Evangeliums von Jesus: Euer himmlischer Vater ernährt sie doch.

Und was dieser himmlische Vater alles »veranstaltete«, damit in einem Winter die Vögel zu fressen haben!

Er sorgte für Blüten und herrliche Nüsse auf unserem Nussbaum. Er »versteckte« unter viel Kleingestrüpp die Nüsse als Vorrat für einen ganzen Winter – nicht nur für unseren Buntspecht. Auch Eichhörnchen geben sich bei uns ein Stelldichein und werden von leckeren Nüssen satt.

Er ließ den Nussbaum so originell wachsen, dass zwischen zwei Ästen ein »Vorratsloch« entstand – extra für unseren Buntspecht. Und dieses Vorratsloch hat in der Nähe abgebrochene kleine Zweige, wo sich unser Vogel bei seinen Mahlzeiten festhalten kann. Dieser »Essplatz« ist aber wiederum so hoch, dass die gierig herumschleichenden Katzen nicht dran können, um dem Vogel den Garaus zu machen. Der Schöpfer sorgt mit einer ganzen Reihe von Wundern für das Leben

»unseres« Buntspechtes – und das Monat für Monat – einen ganzen kalten Winter hindurch.

Dies aber alles nur als eindrückliches Beispiel für uns: Deshalb »sorgt nicht ... ihr seid doch keine Heiden, die keinen himmlischen Vater haben. Euer Vater weiß doch, was ihr braucht.«

Und weil ihr nicht sorgen müsst, seid ihr frei! Ihr könnt euch jetzt mit all eurer Kapazität um Gottes Herrschaft in dieser Welt kümmern. Ihr könnt eure Fantasie einsetzen, um Gottes Sache auszubreiten und Menschen zu helfen, dass sie nicht länger verlorene Heiden sein müssen, die sich in Sorge verzehren!

So habe ich fast jeden Morgen eine besondere Lehrstunde meines Gottes durch unseren herrlich gefiederten Buntspecht an unserem Esszimmerfenster.

Und die Zusagen Jesu werden jeden Morgen neu lebendig: Gott ist täglich dabei, seine Versprechen zu erfüllen. Was will ich mehr?

Hermann Traub

Koffer im Schlafzimmer

Dass wir in einem eigenen Haus, ganz für uns allein, wohnen dürfen, verstehen wir als ein großes Privileg. Es ist nicht allein unser Verdienst. Das Gelände dafür war ein Geschenk meines Großvaters. Als sein Ackerfeld, von dem er und auch mein Urgroßvater schon sich und seine Familie ernährte, behördlicherseits zum Baugebiet erklärt wurde, gab er jedem seiner Enkel ein Stück Lebens-»Grundlage« davon mit.

Anfangs konnte ich das nicht so richtig schätzen. Ich, als die älteste Enkelin, hatte meine Lebensweichen schon anders gestellt. Unser Lebensmotto, d. h. die Formulierung dafür, hatten wir uns von den »Blues-Brothers« abgeschaut: *»Unterwegs im Auftrag des Herrn!«* Wir waren nicht auf Sesshaftigkeit eingestellt und auf lange Familientraditionen.

Die Gliederung einer Bibelarbeit über Abraham, die mein Mann uns selbst und anderen hielt, hatten wir uns ganz fest eingeprägt: Mit Gott – in unbekanntes Land – zu einem Leben mit Bedeutung. Abrahams Leben bekam seine Bedeutung erst dadurch, dass er Gottes Ruf folgte. Und wir waren gespannt, wo Gott uns haben wollte.

Aber schon nach einem Jahrzehnt führte unser Weg zurück in heimatliche Gefilde. Mein Mann wurde zum Leiter der CVJM-Jugendarbeit in Baden berufen; es war ein Auftrag im Reisedienst. Da selbst ein »Reisender im Auftrag des Herrn« abends irgendwo sein müdes Haupt hinlegen muss und einen Ort braucht, an dem er und seine Familie zu Hause sein darf, schauten wir uns nach einer Bleibe um.

Und so gewann Großvaters Geschenk auf einmal seinen ganzen Wert zurück! Warum sollten wir nicht in einem eigenen Haus wohnen? Ob Miete oder Darlehen zahlen – für Wohnung zahlen, muss jeder in jedem Fall. So entstanden ziemlich schnell die Pläne für ein eigenes Haus.

Aber eins nahmen wir uns ganz fest vor: Dieses Haus darf uns nicht binden! Die Berufung ist wichtiger als das Haus! Das sagten wir auch unserer Tochter: »Wir können dir nicht versprechen, dass wir immer hier wohnen bleiben.«

Etwas mehr als ein Jahrzehnt blieb unser Haus auch unser Zuhause.

Dann war wieder Aufbruchzeit – in mehrerer Hinsicht: Ins Berlin der Nachwendezeit ging's! Überall Aufbruchstimmung! Baukräne überall! Aufbruch auch in der missionarischen Jugendarbeit! Jetzt sollten die jungen Leute aus der sozialistischen Pflichtjugendarbeit die Freiheit des Evangeliums entdecken und neue Perspektiven bekommen. Und Gott hatte da einen Auftrag für uns – was für ein Privileg! Dafür tauschten wir gern unser individuelles Einfamilienhaus gegen eine Mietwohnung in einem der Gründerzeithäuser im Herzen Berlins, das dem CVJM gehörte.

Die ersten Monate waren gewöhnungsbedürftig.

Die erste Nichte, die uns einen Besuch abstattete, gab uns ungeniert ihren Eindruck beim Gang durchs Treppenhaus in Richtung Wohnung bekannt: »Echt voll die Assiwohnung!« Und etwas rücksichtsvollere Freunde meinten, indem sie ihre Blicke schweifen ließen: »Da muss aber noch viel passieren!«

Nun ja, es passierte tatsächlich viel in diesen Jahren! An Häusern und an Menschen – auch an uns. Die Wohnung im »Vorderhaus zweiter Stock links« wurde uns zu einem wirklichen Zuhause. So große, hohe, Räume, wie wir sie hatten, mit weißer Stuckverzierung an der Decke, sind schon etwas Besonderes. Keine Träne weinten wir unserem eigenen Haus nach. Und wir lernten: Ob vier Wände zu einem Zuhause werden, das hängt weniger an der Beschaffenheit von Räumen als vielmehr an der Einstellung ihrer Bewohner. Wir fühlten uns wohl. Das einzige, was wir vermissten, waren Nebenräume, um all das zu verstauen, was man so braucht, was aber nicht gleich jeder Besucher zu sehen braucht. So ließen wir in den ersten Monaten immer unsere Blicke schweifen, was man wo wie unterbringen könnte. Auf dem Schlafzimmerschrank z. B. war noch so viel Platz ... Schließlich fanden darauf all unsere Koffer ihren Platz; senkrecht nebeneinander aufgereiht! So hatten wir sie gleich zur Hand für die Reisedienste, die nach wie vor unseren Auftrag prägten.

Und so standen sie uns allabendlich und allmorgendlich vor Augen und wurden durch wieder fast ein Jahrzehnt unsere »stummen Prediger«.

Was sie uns zu sagen hatten? Das, was uns Gottes Wort auch lehrt: »Wir haben hier keine bleibende Stadt, sondern die zukünftige suchen wir.« Selbst wenn wir in festen Häusern wohnen, bleiben wir ja doch ein Leben lang unterwegs – zu Aufgaben, zu Herausforderungen, zu Menschen und nicht zu vergessen: zu uns selbst und zu unserer himmlischen Heimat. So wollten wir unterwegs und »im Auftrag des Herrn« bleiben.

Mittlerweile sind wir wieder in unserem eigenen Haus und somit bei urgroßväterlicher Scholle angelangt. Insgesamt fünfmal sind wir mit Sack und Pack umgezogen. Jedes Mal wurden wir dabei reich gesegnet – wie Abraham. Was wir alles erleben durften! Wo wir alles mitarbeiten durften! Wie viel Menschen uns zu wertvollen Begleitern wurden! – Was für ein Jammer und welche Armut, hätten wir nicht immer wieder die Koffer gepackt und den Aufbruch gewagt.

Heute werden wir manchmal, halb scherzhaft, halb ernsthaft, gefragt: »Seid ihr jetzt endlich sesshaft geworden?« Dann muss ich eigentlich innerlich immer widersprechen: Sesshaft? Haben denn alle vergessen, dass wir auf dieser Erde kein letztes Zuhause haben? Und deshalb antworte ich dann halb scherzhaft, halb ernsthaft: »Ich hoffe, dass dies unser letzter Umzug mit Gepäck war!«

Und wenn ich dann auf dem Friedhof unseres Heimatortes stehe, dann habe ich immer den letzten Vers aus Psalm 23 im Kopf und im Herzen: »... und ich werde bleiben im Hause des Herrn immerdar«. Da will ich ankommen.

Silke Traub

Leuchtend gute Früchte

Nahezu jeden Tag fahre ich an ihm vorbei. Er steht direkt an der Landstraße zwischen anderen Bäumen. Schon während der Blüte ist er mir aufgefallen. So viel herrliche und leuchtende Apfelblüten habe ich kaum gesehen. Es war nahezu ein Blütenmeer.

Nun weiß jeder, der sich ein wenig auskennt, dass eine volle Blüte noch keine vollen Früchte bringen müssen.

Denn eine Frostnacht Anfang Mai kann dem Traum von vielen Früchten jäh ein Ende machen. Doch nichts von alledem geschah. Aus den leuchtenden Blüten wurden kleine Äpfel, die mehr und mehr groß und rot wurden.

Es war ein Fest für die Augen, was sich da bei jedem Vorbeikommen präsentierte.

Der Sommer kam. Und nach dem Sommer sollte die Ernte kommen. Inzwischen waren die Früchte so dicht und schwer an den Zweigen, dass die Äste sich bedenklich nach unten bogen. Werden sie durchhalten, bis ihnen die Last der Früchte abgenommen wird? Die Wochen vergingen. September und Oktober kamen. Noch immer hingen die Früchte an dem gebeugten Baum.

Am liebsten wäre ich zu diesem Baum gefahren und hätte säckeweise die roten Äpfel geerntet. Aber meine Frau sagte mir: »Der gehört jemand und wenn du das tust, ist es Diebstahl.« So ließ ich meine Pläne fallen und hoffte weiter auf jemand, der »meinen« Baum aberntete. Aber nichts geschah. Mitte Oktober war längst vorüber und die ersten Bodenfrostwarnungen gingen über die Nachrichten. Und wenn aus Bodenfrost richtiger Frost wird, dann gehen die Früchte alle kaputt.

Der November kam und die ersten Frostnächte. Der Apfelbaum verlor seine Blätter. Die Früchte blieben hängen. Niemand hatte sie gebraucht.

Ab dem 11. November kann man alles, was hängen blieb, ernten – ohne Rücksicht auf den Besitzer eines Baumes. Doch um diese Zeit sind die offiziellen Mostereien, die herrliche Säfte herstellen, längst geschlossen und ihre Tanks sind übervoll.

So kam der Winter, der erste Schnee bedeckte die Früchte. An Sonnentagen leuchtete das Rot der Früchte durch den Schnee. Bis dann der Dauerfrost dafür sorgte, dass die Äpfel auf dem Baum schwarz wurden und verfaulten.

Ein richtiges Trauerspiel. Die besten Früchte ungebraucht – weil keiner sie ernten und gebrauchen konnte. Das tat mir richtig weh.

Nicht nur die Einsicht, dass wir es uns in einem reichen Land einfach leisten können, dass die gewachsenen Früchte kaputtgehen. Nein, auch die Erkenntnis, dass es mit vielem so geht. Auch mit Menschen, die heranwachsen, reif werden und ihre Aufgabe und ihren Sinn suchen. Aber keiner will sie haben. Ihre Kraft liegt ungenutzt herum. Und Leben, das keinen Sinn und keine Aufgabe findet, ist eine Schande für den Schöpfer, der dieses Leben gewollt und geschaffen hat.

Ich habe mir vorgenommen zu kämpfen für die, die auf dem »Abstellgleis« stehen. Sie brauchen alle eine Berufung und eine Aufgabe.

Und im nächsten Jahr werde ich dafür sorgen, dass die Früchte »meines« Baumes nicht kaputtgehen. Ich könnte sie ernten und den daraus gewonnenen köstlichen Saft verschenken an die, die gerne so ein Vitamingeschenk annehmen und genießen.

Nun warten wir ab, ob die Blüten und dann die Früchte wieder kommen im neuen Sommer. Aber die Lehre will ich nicht vergessen, die ich aus dem vollen Apfelbaum gewonnen habe. Für mich und die Menschen um mich herum.

Hermann Traub

Post aus der Ewigkeit

Ich hatte ein Ostererlebnis der besonderen Art.

Anfangs der Karwoche war ich unterwegs. Ich rief zu Hause an und da sagte mir mein Mann: »Heute hast du Post bekommen aus der Ewigkeit!«

Normalerweise ist er sehr nüchtern – ich hatte also keinen Grund anzunehmen, dass er den Boden der Realität verlassen hat. Hatte er auch nicht – und trotzdem traf seine Aussage wirklich den Kern des besonderen Erlebnisses.

Doch schön der Reihe nach:

Anfang März hatte ich Post bekommen von einem langjährigen Familienfreund; er war schon Gemeindepfarrer und nebenamtlicher theologischer Lehrer, als ich noch in den Kindergarten ging. Je älter ich wurde, desto mehr lernte ich es schätzen, wenn er die Bibel auslegte. Seine Sprache war echt, präzise – einfach »jung«, auch noch als er den 80. Geburtstag bereits hinter sich hatte; seine Bilder und Vergleiche aktuell – selbst schwierige Abschnitte bekamen Leben, wenn er predigte.

Deshalb war meine Freude groß, dass er mir ein Exemplar seiner frisch ausgearbeiteten Passionsandachten schickte – von Aschermittwoch bis zum Sonntag »Judika« – für jeden Tag eine Seite. Ein biblisches Brevier für Passion und Ostern sollte daraus werden.

Wenige Wochen später, kurz vor dieser Karwoche, bekamen wir die Nachricht von seinem Tod. Dadurch wurden diese Andachten zu einer sehr wertvollen Erinnerung für mich. Es tat mir sehr leid, dass er dieses Vorhaben nicht mehr fertigstellen konnte.

Aber dann passierte das viel Erstaunlichere: Fast eine Woche nach seinem Tod kam eben dieser besagte Brief von ihm bei uns zu Hause an – die »Post aus der Ewigkeit«! Eine falsche Ziffernfolge bei der Postleitzahl erklärte den unnatürlich langen Postweg von einer ganzen Woche – aber der Inhalt war »der Hammer« für mich!

Fast bis zur letzten Stunde seines Lebens hatte er wohl an den Andachten weitergeschrieben. Es fehlte ja noch die Passionswoche – und vor allem der Höhepunkt: der Ostersonntag, das Auferstehungsfest – die große Hoffnung über das Grab hinaus! Darauf kam es ihm ja an! Darauf kommt es für uns alle an!

Deshalb hatte er sich viel zugemutet – und zu guter Letzt die Osterhoffnung noch auf den Postweg gebracht. Schon am nächsten Morgen durfte er in der von ihm erwarteten Ewigkeit aufwachen!

So haben mich seine letzten Zeilen buchstäblich aus der Ewigkeit erreicht, wie es mein Mann treffend auf den Punkt brachte.

Und einige Zeilen seiner »Ewigkeitspost« sollen Sie als Leser auch erreichen – an seinem letzten Lebenstag zu Papier gebracht:

»Gott lehnt sich auf gegen die Letztgültigkeit des Todes. Er überschreitet erstmalig in der Auferweckung Jesu die Todesgrenze von der anderen Seite. Der Zugverkehr geht seitdem nicht mehr nur vom Leben zum Tod, sondern es gibt eine Strecke vom Tod zum Leben. Durch Jesus hat Gott den Lebenszug auf die Geleise gebracht ... Ostern bringt ein großes Augenwischen und ein Augenwaschen! Mit den Augen des Glaubens sollen wir ihn doch als Lebendigen sehen.« (Helmut Ockert)

Silke Traub

Und plötzlich dieser Festsaal

Mit kleinen Tenderbooten legten wir am Fischer-
hafen von Ilusiat in Grönland an. Kein Baum und
kein Strauch ist zu sehen. Das Gras ist vom letzten Regen noch triefend nass. Der Nebel steht
zwischen den Hügeln. Eine moderne kleine In-
dustriestadt mit riesigen Fischfanggeräten im Hafen. Manches ungebrauchte Teil liegt rostend herum. Ein kleiner Weg führt in die Ortsmitte hi-
nauf, wo eine sehenswerte Kirche der Lutheraner
auf Grönland stehen soll. Triste Hochhäuser aus
Beton und grau in grau säumen unseren Weg da-
hin. Da stehen wir plötzlich vor der Kirche, die
uns in bunten Holzfarben entgegenleuchtet.

Sie wurde vor 100 Jahren gebaut – so erfahren
wir vor Ort. Wir betreten das in norwegischem Stil
als Stabkirche erbaute Gebäude. Schon am Ein-
gang empfängt uns wohlige Wärme. Die Kirche ist
angenehm geheizt und leuchtet innen in strah-
lendem Weiß. Der warme Holzton der Sitzbänke
gibt dem Kirchsaal eine heimelige Atmosphäre.
Einige kleine Leisten sind in Goldtönen gefasst.

Und herrliche Kronleuchter strahlen von der
Decke.

Mit mir sind die Gäste einer Schiffsreise in die

Kirche gekommen. Ich hatte die Aufgabe über-
nommen, die Kirche zu erklären und ein wenig
von den Ursprüngen der grönländischen Christen
zu erzählen. Der norwegische Pfarrer Hans Egede,
den sie heute als ihren »Apostel« bezeichnen, war
vor knapp 300 Jahren nach Grönland gekommen. Und mit ihm »Herrnhuter Brüder« – Männer aus der Oberlausitz – die den Inuit in Wort
und Tat das Evangelium brachten. Sie bauten
ihre noch heute zu bewundernden Kirchen im
»Herrnhuter Stil«. Das heißt, sie bauten keine sa-
kralen und ehrfürchtigen Räume, sondern warme
und helle in weiß gehaltene Festsäle, die jeden in
einen Mantel der Freude und Geborgenheit hüll-
ten. Wer diese Kirchen betrat, sollte einen Vorgeschmack bekommen, was ihn beim ewigen Fest
Gottes im Himmel einmal erwartet.

Welch ein Kontrast: Draußen das düstere Land,
indem die Winter unendlich lang und grau sind.
Und drinnen in der Kirche ein Vorgeschmack des
Himmels.

Ganz beeindruckt waren unsere Grönland-
gäste. Und als dann noch unser kleiner Bläserchor
»Großer Gott wir loben dich« spielte, ging man-
chem ein Schauer über den Rücken.

Dann erzählte ich von Graf Zinzendorf und
dass er mit 21 Jahren seinen »Hauptschlager«

dichtete, unter etwa 1000 Liedern, die er in seinen sechzig Lebensjahren verfasst hat. Es war das Lied: »Jesu geh voran, auf der Lebensbahn ...« und ich konnte am düsteren und trüben Tag erklären, was Zinzendorf mit seiner Wortschöpfung »Lebensbahn« meinte: Christen sind immer auf der Lebensbahn, weil sie dem auferstandenen Jesus Christus nachfolgen, der alle einlädt zu seinem herrlichen Fest. Als Zwischenstationen sind die »Festsäle der Kirche« gedacht, die uns aufwärmen und anwärmen sollen für dieses ewige Fest.

Wir singen mit Posaunenbegleitung das ganze Lied.

Ich habe noch ein Plakat dabei, das ich entrolle. Auf diesem Plakat befindet sich das Kirchensymbol der Herrnhuter: Ein Lamm, das die Siegesfahne in der Hand hält und schwenkt. Und unter diesem Symbol steht der Satz: »Das Lamm hat gesiegt, lasst uns ihm folgen.«

Diese Botschaft verkündigten die Herrnhuter am »Ende der Welt« in langen kalten Wintern, auf der großen Insel mit ewigem Schnee und Eis. Und Menschen folgten ihrer Botschaft, sodass heute eine lebendige Gemeinde auf Grönland besteht. Mit eigener kleiner Universität, auf der junge Theologen ausgebildet werden, die ihre Landsleute zum Glauben einladen.

Wir verlassen fast etwas widerwillig den schönen Festsaal – nicht ohne den Kirchendiener ge-
grüßt zu haben, der die ganze Zeit mithörte, was
wir sagten und sangen – obwohl er uns nicht verstehen konnte. Doch »Jesu geh voran«, das kannte er. Das sind unsere gemeinsamen Wurzeln in
Europa. Gedichtet mit 21 Jahren von Reichsgraf
Ludwig Nikolaus Graf von Zinzendorf.

Hermann Traub

Unser vorbildlicher Buntspecht

Zielsicher findet unser Buntspecht vor dem Esszimmerfenster die feinen Haselnüsse vom letzten Herbst zwischen den Bodendeckern unseres kleinen Gartens. Er bringt sie mit höchster Geschwindigkeit in »seine Futterstelle«, dort wo die Verzweigung des Baumes einen kleinen »Vogeltisch« entstehen lässt. Nachdem unser wunderbar gefiederter Buntspecht die Haselnuss aufgehackt hat, um an das köstliche Innere zu kommen – das alles geht in Sekundenschnelle – genießt er die Nuss. Mitten in seiner Mahlzeit bricht er den Genuss ab, klettert den Baum hoch und wartet, was geschieht.

Nicht lange danach kommt eine Meise ebenso zielsicher zu dem »gedeckten Haselnusstisch« und genießt ihrerseits die köstliche Haselnussmahlzeit. In aller Ruhe wird sie satt. Dann fliegt sie weg, um einem frechen Spatz Platz zu machen, der seinerseits auch noch satt wird.

Dieses ganze Schauspiel wiederholt sich mehrmals am Tag. Fast habe ich den Eindruck, dass mit unserer Tischzeit in der Familie die Vögel auch ihre Mahlzeit halten.

Bei diesem ganzen »Spiel der Vögel« kommt

mir ein Bibelwort in den Sinn, das, eindrücklich, am Schluss des Hebräerbriefes zu finden ist: »Gutes zu tun und mit anderen zu teilen, vergesst nicht; denn solche Opfer gefallen Gott.«

Vom Buntspecht können wir das Teilen lernen. Er »haut« sich nicht nur selbstsüchtig den Magen voll, egal wer um ihn herum noch lebt. Nein, er sorgt mit dafür, dass die kleineren Vögel auch satt werden. Sie hätten mit ihrem Schnabel nie die Möglichkeit, eine ganze Haselnuss aus dem Gestrüpp zu holen. Aber der Buntspecht hat die Größe und Kraft dazu. Aber er nimmt ja nur die Haselnuss, die ihm der Schöpfer dort »hingelegt« hat, um ihn einen ganzen Winter bis ins Frühjahr zu versorgen. Und dann teilt er mit seinen Artgenossen.

Warum sollten wir Menschen nicht vom Buntspecht lernen?

Wir leben ja auch nur von dem Gott, der für uns wachsen und gedeihen lässt. Kein gesundes Korn haben wir wachsen lassen, keinen Schluck sauberes Wasser haben wir geschaffen. Keine köstliche Frucht können wir ohne seine Schöpfungswunder pflücken!

»Gutes zu tun und mit anderen zu teilen, vergesst nicht!«

Immer noch werden Billionen in unserem Land angespart und auf die Seite gelegt. Für andere unzugänglich in den Tresoren der Banken gesichert.

Durch die öffentlichen Medien wissen wir längst, wo in aller Welt Hilfe gebraucht wird. Und wenn wir nicht teilen lernen, dann haben Millionen keine Überlebenschance. Viele kleine Projekte warten auf unterstützende Menschen. Meist sind die kleinen, aber kontrollierten Projekte besonders wirkungsvoll. Wir haben alle Werkzeuge. Wir haben den »größeren Schnabel«, um greifen und verteilen zu können. Was tun wir mit unseren Möglichkeiten? Hauptsache wir werden satt?

Brauchen wir erst einen Buntspecht, um uns auf die Schliche zu kommen? Sollten wir uns von ihm nicht anspornen lassen, das Gleiche zu tun? Gutes tun und teilen? Oder wollen wir uns einmal dann, wenn abgerechnet wird, sagen lassen: Du hast selbst auf den Buntspecht nicht gehört, den ich dir vor das Esszimmerfenster deines Hauses geschickt hatte?

Wir wissen, was wir Gutes tun könnten! Alle Informationen sind uns zugänglich. Wer teilt, der bricht etwas ab vom Kuchen, der ihm gehört.

Aber das gefällt Gott!

Wo er es uns tausendfach in seiner Schöpfung vormacht, was dran ist!

Hermann Traub

Vorstellungsrunde

Wir saßen auf 880 m Höhe im Hochschwarzwald und waren an die dreißig Personen. Die paar Tage zwischen Weihnachten und Silvester wollten wir uns gemeinsam als christliche Gruppe erholen, auf Gottes Wort hören und die herrliche Höhenluft einatmen, bevor alle wieder ihre Arbeit aufnehmen mussten.

Nach dem ersten gemeinsamen Essen war eine Vorstellungsrunde angesagt. Schließlich wollten wir uns kennenlernen. Einige der Namen und Gesichter waren mir als Freizeitleiter gut bekannt.

Unsere Wege hatten sich schon früher gekreuzt. Mit manchen verband mich eine lange Freundschaft.

Da war Dieter. Ich kann mich noch gut erinnern, als er mich abends auf einem Barhocker beim gemütlichen Bier in Kassel überraschend fragte, ob ich bereit wäre, Leitungsverantwortung in der Jugendarbeit zu übernehmen. Fast fiel mir damals das Glas aus der Hand. Ich war überrascht und zugleich gespannt, was da auf mich zurollte. Eigentlich hatten wir uns damals in Nürnberg einigermaßen eingerichtet. Die Arbeit mit vielen jungen Erwachsenen machte große Freude. Wie-

so sollten wir die Zelte abbrechen und ganz wo-
anders hinziehen?

Doch Dieter ließ nicht locker. Er kämpfte da-
rum, dass ich die neue Aufgabe übernahm – und
er überzeugte andere, die das zu entscheiden hatten. Das alles vor 30 Jahren. Er und ich wussten
damals nicht, welch reiche und auch harte Jahre
vor mir lagen. Aber er begleitete mich treu und als
ehrlicher Freund. Und heute sitzen wir zusammen und freuen uns auf Silvester in der Gemein-
schaft. Er hat bald goldene Hochzeit und ich freue
mich eines aktiven Ruhestandes. Hinter uns liegen Jahrzehnte der Führung Gottes, des gemeinsamen Wirkens und Erlebens.

Oder Richard und seine Frau stellen sich vor.
Vor 26 Jahren waren sie als junge Erwachsene mit
an der Westküste Norwegens. Mit fünfzig jungen
Erwachsenen eroberten wir dieses wunderbare
Stückchen Erde.

Doch Richard hatte damals keinen Blick für
Sonnenuntergänge, selbst nicht für frisch gefan-
genen Fisch, zarte Blumen auf den Felsen und
herrliche Bootsfahrten an der Küste, die 3 m vor
unserem Hauseingang begann – so nahe stand es
am Ufer. Er hatte nur Augen für eines – besser
gesagt: für eine! Renate. Bei der Heimfahrt nach
zwei Wochen gestand er mir: Jetzt muss ich

nochmals nach Norwegen fahren, um mir das Land anzuschauen.

Nun sind sie 25 Jahre verheiratet, wollen ihre Silberhochzeit feiern und haben zwei erwachsene Kinder. Sie haben damals nicht nur sich gefunden, sondern haben ihre Beziehung zum lebendigen Gott entdeckt und festgemacht. Diese Beziehung hat sie bisher durch Höhen und Tiefen getragen und sie mitarbeiten lassen in der Gemeinde Jesus Christi.

Dort auf der Schwarzwaldhöhe war alles wieder gegenwärtig, wie wenn es erst gestern gewesen wäre.

Und dann stellen sich Manfred und Manuela vor in der gemütlichen Runde unserer Freizeitengruppe. Sie erzählten: In diesem Haus haben wir uns vor 19 Jahren kennengelernt. Es war gerade die Zeit der politischen Wende in Deutschland. Die Partnerschaften zwischen den Jugendverbänden wurden ganz neu belebt. Man lud sich gegenseitig zu Unternehmungen und Freizeiten ein. So kam Manuela, die gerade dabei war, Optikerin zu lernen, mit fünf anderen aus Görlitz in den Hochschwarzwald. Das erste Mal in ihrem Leben im Westen. Und dann spannen sich während dieser damaligen Tage vor Silvester ganz feine Fäden zu Manfred. Er brauchte noch mehrere Jahre, um sie als Frau ins Fränkische zu entführen.

Sie wollten ihr 19-jähriges Kennenlernjubiläum feiern. Inzwischen spricht Manuela fast fränkisch und arbeitet als Optikermeisterin bei Nürnberg. Und ihr Manfred schippert einen 30-Tonner quer durch Europa mit sicherer Hand. Der Glaube verbindet sie und jetzt genießen sie die Tage des herrlichen Winterlichtes.

Kann man sich vorstellen, dass solche »Vorstellungsrunden« niemals langweilig sind? Es sind Lebensgeschichten, Glaubensgeschichten, Führungsgeschichten, die da zutage gefördert werden.

Und jede einzelne Person hat solch eine Geschichte mit dabei. Die alleinerziehende Mutter, die »erst« vor zehn Jahren Jesus Christus gefunden hat nach einer schweren Lebenskrise. Die Landwirtschaftsmeisterin, die täglich ihren »Mann« steht. Der Computerspezialist, der sonst weltweit unterwegs ist, um sein Wissen einzusetzen. Die Lehrerin, die seit zwanzig Jahren einen christlichen Buchladen führt und damit in ihrer Region viel Segen verbreitet. Die Erzieherin, die ihren Beruf gewechselt hat und an feinsten medizinischen Geräten arbeitet, die Menschen weltweit Hilfe bringen.

Was ist da an Kompetenz zusammen, wenn an

die dreißig Christen sich unter Gottes Wort zu-
sammenfinden und Gottes Lob erschallen lassen.
Ein fröhlicher Gesang durchzieht das Haus. Es
wird viel gelacht. Ernsthafte Gespräche werden
geführt. Das Christsein von heute kommt in das
Blickfeld!

Und Gottes Handeln an jedem Einzelnen wird
sichtbar und greifbar. Sein Netzwerk ist längst ak-
tiv.

Hermann Traub

Was es außer silbernen Löffeln noch zu stehlen gibt

Es ist nun schon mehr als zwei Jahrzehnte her, aber diese kleine Episode am Rande einer festlichen Veranstaltung hat sich mir unvergesslich eingeprägt und bleibt mir immer wieder eine eindrückliche »Fußnote« zum Gebot »Du sollst nicht stehlen«.

Aus dem ganzen Land waren die Gäste gekommen zur feierlichen Einführung des neuen Generalsekretärs im CVJM Gesamtverband, Ulrich Parzany.

Nach der Amtseinführung im Gottesdienst kam der geselligere Teil mit festlichem Essen und Trinken, lebhaften Gesprächen und vor allem mit den unvermeidlichen Grußworten, die »der Neue« in seiner Amtszeit später oft, halb scherzhaft und halb sarkastisch, als die »moderne Form der Christenverfolgung« bezeichnete; was ja zu verstehen ist, denn in solch einem Amt gilt es, eine Vielzahl solcher Empfänge zu absolvieren.

Ich habe diesen bunten Reigen mit den unterschiedlichsten Glückwünschen und Empfehlungen und Anekdoten zur Person des neuen Generalsekretärs keineswegs als »Verfolgung« empfunden, sondern als eine angenehme »Lehrveranstaltung« für kurzweilige, humorvolle Ermutigungen, die »dem Neuen« das gesamte Wohlwollen der Freunde seines zukünftigen Arbeitsfeldes als eine Art Anschubenergie für die ersten Wochen im Amt mitgeben wollten – falls er sie überhaupt nötig hatte. Und viele der schönsten Bibelworte kamen dabei zur Sprache! Jeder wollte seine eigenen Worte gerne mit einem Satz aus dem »Wort der Worte« zieren. Dagegen gibt es auch gar nichts einzuwenden – denn das sind nun mal die Worte, die es dann noch geben wird, wenn die Überbringer von Grußworten längst wieder abgetreten sind.

Zum Abschluss dieser Runde sollte »der Neue« das letzte Wort haben dürfen. Große Spannung: Was wird ihm heute wohl wichtig sein? Oder in den ersten hundert Tagen? Oder langfristig? Was ist von ihm zu erwarten?

Er wundere sich sehr, so der Beginn seiner kurzen Rede, er hätte die ganze Zeit mit Spannung darauf gewartet, wann denn einer der Grußwort-Kandidaten das Bibelwort der Herrnhuter Tageslosung zitieren würde; das sei doch üblicherweise der erst Griff bei solchen Anlässen: Was sagt das

Losungswort des Tages dazu? Dabei konnte er ein spitzbübisches Lächeln nicht ganz unterdrücken und im Saal hatte hie und da auf den Gesichtern ein breites Grinsen Platz genommen bei denen, die an diesem Morgen, trotz frühen Aufbruchs, die Tageslosung wohl schon gelesen hatten. Was war das für ein Losungswort, um das alle Redner einen diskreten Bogen geschlagen hatten?

Es war kurz und bündig eines der Gebote: »Du sollst nicht stehlen!« Dröhnendes Lachen erfüllte die ganze Festversammlung, als »der Neue« das Losungswort des Tages vorlas, denn keiner der Anwesenden hätte ihm wohl zugetraut, dass er sich je an den sprichwörtlichen »silbernen Löffeln« vergreifen würde.

Aber dann verschwand das spitzbübische Lächeln völlig aus seinem Gesicht und er wurde sehr ernst und sagte: »O doch, in meinem neuen Amt stehe ich in großer Gefahr, etwas zu stehlen« – ich konnte mir beim besten Willen nicht vorstellen, was das sein sollte! – »nämlich: Gott die Ehre!«

Das Lachen war augenblicklich verstummt und allen wurde bewusst, wie recht er hatte – nicht nur im Blick auf seine Person!

Wer eingebunden ist in einen Dienst für Gott und wer als Nachfolgerin oder Nachfolger für Jesus Christ unterwegs ist, mit kleinen oder größeren Aufgaben betraut, mit Arbeiten vor oder hinter den Kulissen beschäftigt – die »Frage der Ehre« ist und bleibt eine entscheidende:

Wer bekommt die Ehre? Wem wird die Ehre vorenthalten? Wer verdient die Ehre? Es sind Fragen dieser Art, die selten offen gestellt und formuliert werden, die aber unterschwellig das Klima bestimmen, das Misstrauen nähren, das Miteinander vergiften.

»Der Neue« hatte es mit einem Satz auf den Punkt gebracht, worauf es ankommt: dass Gott seine Ehre behält!

Und vor allem: dass *ich* sie meinem Gott und Herrn nicht vorenthalte, da, wo er mich würdigt, in seinem großen Netzwerk für die Ewigkeit dabei zu sein.

Ich bin sehr dankbar für diese »Stunde der Christenverfolgung« – sie verfolgt mich tatsächlich seit über zwei Jahrzehnten und sie tut mir gut!

Silke Traub